# 조선을 품은 대문

처음부터 제대로 배우는 한국사 그림책 12

## 조선을 품은 대문_숭례문이 들려주는 조선 시대 이야기

**초판 1쇄 발행** 2018년 5월 9일
**초판 3쇄 발행** 2024년 8월 21일

글 신현경
그림 한태희

**펴낸곳** 도서출판 개암나무(주)
**펴낸이** 김보경
**경영관리 총괄** 김수현  **경영관리** 배정은 조영재
**편집** 조원선 김소희 오은정 이혜인  **디자인** 이은주  **마케팅** 이기성
**출판등록** 2006년 6월 16일  제22-2944호

**주소** 서울특별시 용산구 한남대로40길 19, 4층(한남동, JD빌딩) (우)04417
**전화** (02)6254-0601, 6207-0603   **팩스** (02)6254-0602   **E-mail** gaeam@gaeamnamu.co.kr
**개암나무 블로그** http://blog.naver.com/gaeamnamu   **개암나무 카페** http://cafe.naver.com/gaeam

ⓒ 신현경, 한태희, 2018
이 책의 저작권은 저자에게 있습니다. 저자와 출판사의 허락 없이 내용의 일부를 인용하거나 발췌하는 것을 금합니다.

ISBN 978-89-6830-452-1 74900
ISBN 978-89-6830-122-3 (세트)

이 도서의 국립중앙도서관 출판시도서목록(CIP)은 서지정보유통지원시스템 홈페이지(http://seoji.nl.go.kr)와 국가자료공동목록시스템(http://www.nl.go.kr/kolisnet)에서 이용하실 수 있습니다.
(CIP제어번호: CIP2018012150)

**품명** 아동 도서 | **제조년월** 2024년 8월 21일 | **사용연령** 10세 이상
**제조자명** 개암나무(주) | **제조국명** 대한민국 | **전화번호** 02-6254-0601
**주소** 서울특별시 용산구 한남대로40길 19, 4층(한남동, JD빌딩)

숭례문이 들려주는
조선 시대 이야기

# 조선을 품은 대문

신현경 글  한태희 그림

개암나무

나는 600년이 넘도록 한자리를 지켰어.
여기서 끊임없이 변하는 세상을 지켜보았지.
기쁘고 자랑스러운 적도 있었고,
슬프고 부끄러운 때도 있었단다.
그 어느 하루도 잊지 않았어.
한양 도성의 남쪽 대문이 된 날부터
서울 한복판에서 불길에 휩싸였던 날까지……

내 이름은 숭례문.
오늘도 나는 변화무궁한 세상을
눈에 담고 있단다.

어? 이 밤에 누구지?
저건, 불이잖아! 문루°에 불을 붙였어!
불이야, 불이야!
지붕이 무너진다!
현판°이 떨어진다!

**안 돼, 안 돼!**

**문루** 성문의 바깥문 위에 지은 다락집.
**현판** 글자나 그림을 새겨 문 위나 처마 아래에 걸어 놓는 널빤지 조각.

내가 불길에 휩싸여 비명을 지르는데
어디선가 잡상*들의 목소리가 들려왔어.
"숭례문님, 일어나세요!"
"현판은 무사해요. 떨어진 게 아니라 소방관이 떼어 낸 거예요."
그제야 꿈이라는 걸 깨달았어.
나는 화재가 났던 날인 2월 10일만 되면 악몽을 꿔.
불에 탄 곳을 복구해 이전 모습을 되찾았지만,
아직도 그날을 떠올리면 몸서리가 난단다.

**잡상** 궁궐, 관청 등의 지붕 위에 줄줄이 놓는 사람이나 동물 모양의 장식 기와.

내가 태어난 조선 시대부터 지금에 이르기까지
서울의 풍경은 아주 많이 변했어.
사람들의 모습도 몰라보게 달라졌지.
하지만 나는 처음 지었을 때 모습 그대로야.
사람들이 나를 잘 지키고 보존해 주었기 때문이지.
그래도 자세히 들여다보면 이런저런 상처가 남아 있단다.
600년 넘게 사는 동안 별의별 일을 다 겪었거든.
내가 살아온 이야기를 한번 들어 볼래?

지금으로부터 600여 년 전,

고려에 이성계라는 이름난 장군이 있었어.

이성계는 고려를 다스리는 귀족들에게 불만이 많았어.

귀족들이 자기 배만 불리고 백성들을 나 몰라라 했거든.

참다못한 이성계는 다른 장군들과 함께

고려의 왕과 귀족들을 몰아냈어.

그러고는 다 같이 고려의 앞날을 고민하는데,

한쪽에선 고려를 그대로 두고 나쁜 점만 뜯어고치자 하고,

이성계를 비롯한 다른 한쪽에선

아예 새로운 나라를 세우자고 주장했어.

이윽고 이성계가 권력을 잡아 뜻을 이루었어.

1392년, 고려를 무너뜨리고 조선이라는 새 나라를 세웠지.

이성계는 조선의 첫 번째 왕인 태조가 되었어.

**태조** 한 왕조를 세운 첫째 임금에게 붙이던 이름.

태조는 새 나라의 도읍으로 한양을 점찍었어.
한양 북쪽에 화려한 궁궐과 관청을 짓고,
한양을 성곽으로 둘러쌌지.
도읍이 성으로 이루어져 있어서
한양을 '도성'이라고도 불렀어.
도성을 드나들기 위해
문을 여러 개 만들었는데,
그중 남쪽 대문이 바로 나야.
옛날부터 우리 조상들은
남쪽을 길하게 여겼어.
그래서 동쪽, 서쪽, 북쪽 문보다
내게 훨씬 공을 들였지.
장인들은 나를 지으며 이런 말을 주고받았어.
"도성의 대문은 나라의 얼굴이나 마찬가지야."
"아무렴, 그렇고말고. 힘을 내서 정성껏 짓자고!"
나는 몹시 자랑스러웠어.

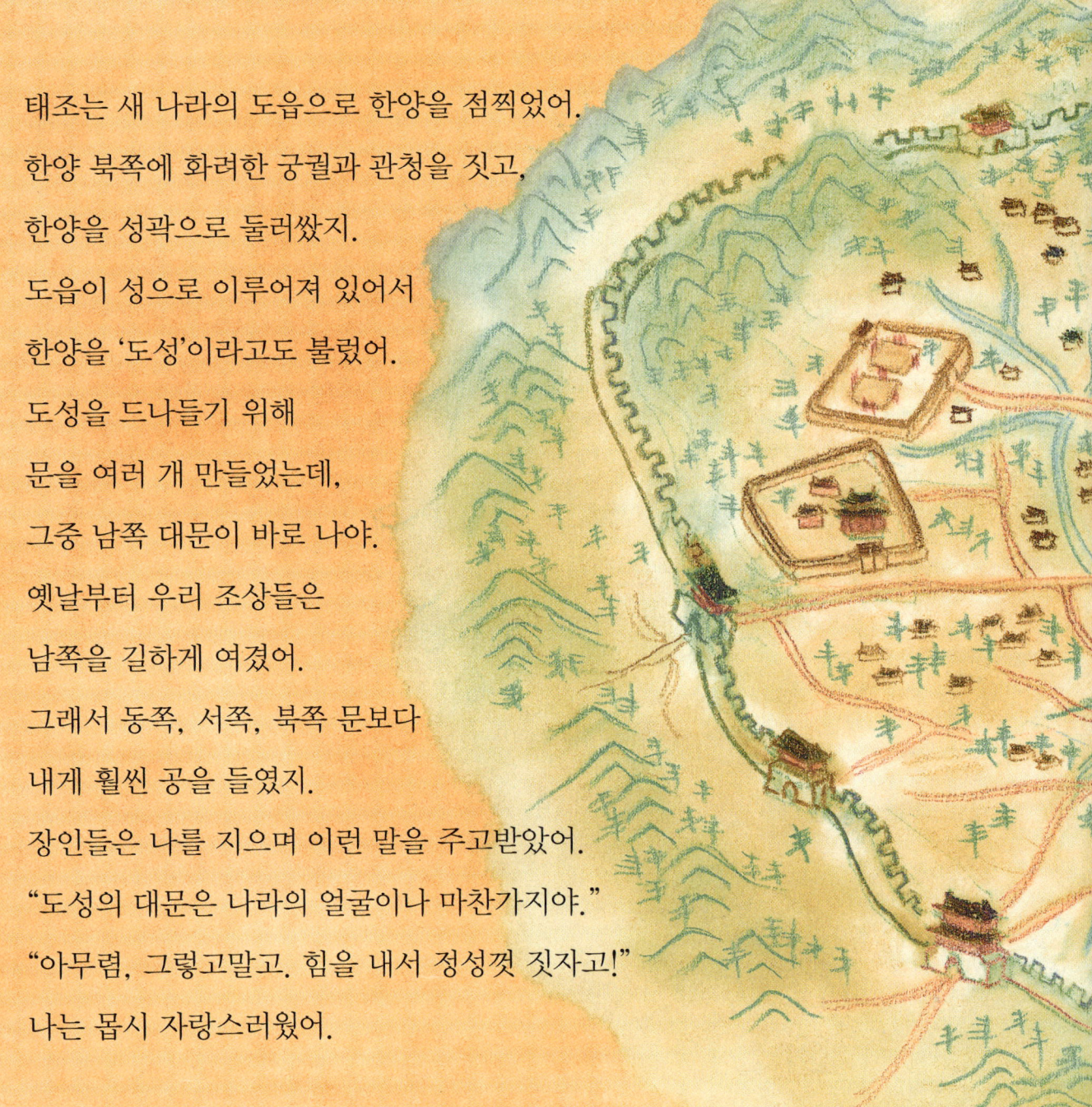

1398년 음력 2월 8일, 태조가 오롯하게 완성된 나를 보러 왔어.
태조는 나를 찬찬히 둘러본 다음 곁에 선 신하들에게 일렀어.
"예(禮)가 '바른 도리'를 뜻함을 모르지 않을 것이오.
'숭례문'이라는 이름에는 조선이 예를 따르고
소중히 여긴다는 뜻이 담겼소.
숭례문을 오갈 때마다 이 뜻을 가슴에 새기도록 하시오."
나도 내 이름의 뜻을 가슴 깊이 새겼단다.

한양은 하루하루 도읍지다운 모습을 갖춰 나갔어.
종을 쳐서 하루의 시작과 끝을 알리는 종루*도 지었어.
새벽녘에 종을 서른세 번 치면 도성 문을 열고,
밤에 종을 스물여덟 번 치면 도성 문을 닫았지.
문이 닫히면 아무도 도성을 드나들 수 없었고,
도성 안을 돌아다닐 수도 없었어.
캄캄한 길을 순라군과 멸화군만 오갔지.

**종루** 종을 달아 두는 누각.

순라군은 밤에 순찰을 돌고 도둑을 잡아들였어.
멸화군은 조선 시대의 소방관이야. 불이 나면 곧장 출동했지.
순라군과 멸화군이 밤새 도성을 지켜 주어 정말 든든했단다.

꼭두새벽부터 출근하는 관리들도 믿음직스러웠어.
나랏일하는 관리가 되려면 과거 시험에 합격해야 했는데,
그게 보통 어려운 일이 아니었어.
문관의 경우, 조선 최고의 교육 기관인 성균관에서 공부를 하고
세 번에 걸친 시험을 모두 통과해야 관직을 받았지.

마지막 시험에서 1등을 한 사람은 사모˚에 어사화˚를 꽂고,
3일 동안 도성 안을 행진하며 백성들의 축하를 받았어.
악공과 광대가 앞에서 흥을 돋워 거리가 들썩들썩했지.

**사모** 벼슬아치들이 관복을 입을 때에 쓰던 모자.
**어사화** 과거 시험에 합격한 사람에게 임금이 내린 종이꽃.

하지만 이들 모두 어진 관리가 된 것은 아니란다.
어떤 이는 백성들을 괴롭히는 탐관오리가 되었지.
탐관오리는 제멋대로 권력을 휘두르고,
거둬들인 세금을 중간에서 가로챘어.
그렇지 않아도 겹겹으로 내는 세금에
백성들의 허리가 휘는데 말이야.
조선 시대에는 주로 농민들만 세금을 냈어.
농사지은 쌀과 특산물을 바칠 뿐 아니라
나라에서 궁궐을 짓거나 공사를 할 때 불려 가 일했어.
남자들은 군대도 가야 했지.

왕은 주로 한양에 머물렀기 때문에
각 고을의 형편을 하나하나 살피기 어려웠어.
그래서 청렴한 관리를 암행어사로 임명해 나라 곳곳에 보냈어.
조선의 뛰어난 학자인 퇴계 이황도 한때 암행어사였단다.
암행어사는 신분을 숨기고 허름한 차림으로 다니다가
탐관오리를 만나면 "암행어사 출두요!" 하고 정체를 드러냈어.
왕이 내린 마패를 본 탐관오리들은 벌벌 떨었지.

나는 암행어사의 활약을 직접 보진 못했지만
왕의 행차는 수없이 보았어.
왕과 신하들이 궁궐 밖으로 나가는 모습은
조선 최고의 구경거리였지.
왕은 선왕의 무덤에 가거나, 군사 훈련을 보거나,
온천욕을 하기 위해 도성 밖으로 행차했어.
기나긴 행렬이 줄지어 나를 지났지.
왕을 호위하는 늠름한 군사들과 문무백관,
바람에 휘날리는 화려한 깃발들,
장엄하게 울리는 징 소리와 북소리.
백성들에게 이보다 감탄스러운 장면은 없었을 거야.

**문무백관** 모든 문관과 무관.

명나라 사신*이 오는 날도
내 주위에 구경꾼들이 모여들었어.
나는 색색 천으로
화려하게 치장되었고,
내 앞에 잔치를 베풀
무대도 지어졌어.
왕은 구장복*을 입고
사신을 맞이했지.

**사신** 왕의 명령을 받고 다른 나라를 방문하는 신하.
**구장복** 조선 시대에 중대한 의식 때 임금이 입던 예복.

조선은 명나라를 섬겼기 때문에
명나라 사신을 극진히 대접했단다.
사신들은 머무는 내내 배불리 먹고 편히 쉬다가
조선 팔도에서 올라온 귀한 선물을 가득 싣고 떠났어.
그게 다 백성들의 피땀으로 이룬 것이기에
나는 씁쓸한 마음이 들기도 했단다.

명나라 사신은 나를 통과하여 궁궐로 향했지만
일본 사신은 다른 문을 이용해야 했어.
조선이 명나라와 일본을 다르게 생각했기 때문이야.
조선에게 명나라는 본받고 싶은 나라였고,
일본은 배울 게 별로 없는 나라였어.
그렇다고 일본을 적으로 삼거나 무시한 건 아니었어.
사이좋게 지내며 교류하려 했지.
그런데 일본이 뒤통수를 칠 줄이야······.

1592년 4월의 어느 날,
한양에 날벼락 같은 소식이 전해졌어.
"일본군이 쳐들어왔대!"
"부산을 지키던 군사들이 모조리 죽었대."
"일본군이 곧 한양에 들이닥칠 거래!"
200년 동안 평화로웠던 조선에 전쟁이라니!
도무지 믿기지 않았단다.

그런데 양반들이 줄줄이 한양을 빠져나가는 게 아니겠니?
곧이어 조선의 왕인 선조마저 피란을 떠나더구나.
나는 화나고 부끄럽고 두려웠어.
남겨진 백성들의 마음도 나와 같았을 거야.

도성을 지켜야 할 군사들도 모두 도망쳐 버렸어.
일본군은 활짝 열린 나를 통해 도성으로 들어왔지.
그리고는 닥치는 대로 사람들을 죽이고
도성 곳곳에 불을 질렀어.
숭례문이라고 쓰인 현판도 떼어 내팽개쳤단다.
나는 이름을 잃은 채 조선이 짓밟히는 걸 지켜볼 수밖에 없었어.

언제부턴가 반가운 소식이 하나둘 들려왔어.
"곳곳에서 의병이 들고일어나 용맹하게 싸우고 있대."
"의병 숫자가 점점 늘고 있다니 전쟁이 곧 끝날 거야."
하루는 일본군에 잡혀 온 의병이 고개를 꼿꼿이 들고 외쳤어.
"너희는 남의 땅을 빼앗으려고 싸우지만,
우리는 우리 땅을 지키기 위해 싸운다.
의병은 의로운 병사다. 너희가 의병을 당할쏘냐!"
양반과 농민, 노비와 스님 가릴 것 없이
고향을 지키기 위해 의병이 되었어.

의병들과 이순신 장군이 이끄는 조선 수군의 활약으로
마침내 일본군을 물리쳤어.
하지만 7년이나 이어진 전쟁으로 조선은 쑥대밭이 되었단다.
백성들은 무너진 집을 다시 짓고
황무지가 된 논밭을 일구느라 힘겨운 날들을 보냈지.
선조 다음으로 왕위에 오른 광해군은
조선을 두 번 다시 전쟁터로 만들지 않겠다고 결심했어.

그즈음 중국에서는 명나라와 청나라가 싸우고 있었어.
두 나라 모두 조선에게 자기편을 들라고 요구했어.
명나라는 조선이 군대를 보내 청나라에 함께 맞서길 바랐고,
청나라는 조선이 명나라를 도우면 가만있지 않겠다고 위협했지.
고래 싸움에 새우 등 터지게 생긴 격이었어.
그런데 신하들이 대부분 명나라 편을 들었단다.
"임진왜란 때 조선을 도와준 명나라에 은혜를 갚아야 합니다."
"한낱 오랑캐와 친교를 맺어서는 안 됩니다."

**오랑캐** 청나라를 세운 여진족을 낮잡아 부르던 말.

광해군은 조선이 한쪽 편을 들었다간

전쟁에 휘말릴 거라고 생각했어.

그래서 두 나라와 두루두루 잘 지내려고 노력했지.

이를 못마땅하게 여긴 신하들이 광해군을 몰아내고

인조를 새로운 왕으로 세웠어.

그러고는 명나라만 받들고 청나라를 무시했지.

청나라는 단단히 화가 나 정묘호란*과 병자호란*을 일으켰어.

청나라의 침략에 대비하지 못한 조선은

두 번 다 청나라에 항복하고 말았어.

인조는 청나라 황제 앞에 엎드렸고,

조선은 청나라의 신하 나라가 되었지.

**정묘호란** 정묘년(1627년)에 후금(청나라의 예전 이름)이 일으킨 전쟁.
**병자호란** 병자년(1636년)에 청나라가 일으킨 전쟁.

잇따른 전쟁으로 백성들의 살림이 몹시 어려워졌어.
많은 농민들이 세금을 감당하지 못해 농사를 포기했고,
전쟁 통에 부모를 잃은 아이들이 무리 지어 구걸을 다녔지.
개천가에는 거지들이 사는 움막이 날로 늘었어.
이렇게 딱한 처지에 놓인 백성들을 굽어살핀 성군*이 있었으니,
바로 영조와 정조란다.

**성군** 어질고 훌륭한 왕.

영조는 조선을 가장 오랜 기간 다스린 왕인데,
자주 궁궐 밖으로 행차해 백성들을 살폈어.
백성들이 세금에 시달리는 것을 안타깝게 여겨 세금을 줄여 주고
태종* 때 처음 만들었다가 연산군* 때 없앤 신문고도 다시 설치했어.
신문고는 궁궐 앞에 달아 놓은 북으로,
억울한 일을 당한 백성이 하소연할 때 쳤어.
또한 영조는 자기 욕심만 채우는 벼슬아치들을 물리치고
좋은 인재를 고루 뽑기 위해 힘썼단다.

**태종** 조선의 제3대 왕.
**연산군** 조선의 제10대 왕.

영조의 손자인 정조 역시 백성을 사랑하는 마음이
할아버지 못지않았어.

정조는 아버지의 무덤이 있는 화성으로 행차할 때마다
백성들에게 귀를 기울였단다.

백성들이 땅에 엎드려 머리를 조아리면
"백성들이 마음껏 행차를 구경하게 하라."라고 일렀어.

그러고는 "내게 할 말이 있는 백성을 막지 말거라."라며
격쟁*을 도왔지.

나는 정조가 격쟁을 챙기는 모습을 여러 번 보았어.

정조는 다리 밑에 사는 거지들에게도 마음을 썼단다.
겨울철마다 두터운 옷가지와 덮고 잘 가마니를 보냈지.

**격쟁** 임금이 지날 때 꽹과리를 쳐서 주목을 끈 후 임금에게 직접 억울한 사연을 고하는 제도.

48

영조와 정조의 노력으로 조선은 얼마간 안정되었어.
그러나 외세의 간섭을 받으면서 흔들리기 시작했어.
병자호란 이후부터 줄곧 조선을 쥐락펴락해 온 청나라,
조선을 집어삼킬 기회를 호시탐탐 엿보는 일본,
조선을 발판 삼아 동아시아에 힘을 뻗치려는 러시아.
세 나라가 앞다퉈 조선을 차지하려 했거든.
그중 조선에 가장 눈독을 들인 나라는 일본이었어.
일본은 서양의 강대국들처럼 식민지를 원했어.
당시 강대국들은 약한 나라를 식민지로 삼았어.
그러고는 식민지의 자원을 빼앗아
물건을 만들고, 그 물건을 다시 식민지에
내다 팔아 엄청난 이익을 챙겼지.

**식민지** 국가로서의 주권을 상실한 나라.

일본은 조선을 차지하기 위해
1894년에 청나라와 전쟁을 벌였어.
전쟁에서 이긴 일본은 감히 조선의 왕비인
명성 황후를 죽였단다.
명성 황후가 일본을 멀리한다는 이유에서였지.
왕비를 잃은 고종은 궁궐을 떠나
러시아 공사관으로 몸을 피했어.
그 뒤 1897년에 다시 덕수궁으로 돌아와
나라 이름을 '대한 제국'으로 바꾸었어.
우리나라를 다른 나라의 간섭을 받지 않는
독립국으로 선포한 거야.
하지만 일본은 1905년에 을사늑약을 맺어
대한 제국의 외교권을 강제로 빼앗았어.
외교권이 없는 대한 제국은
더 이상 독립국이라고 할 수 없었지.

**고종** 조선의 제26대 왕이자 대한 제국 제1대 황제.
**외교** 다른 나라와 관계를 맺는 일.

고종은 끝까지 을사늑약에 도장을 찍지 않았어.
을사늑약이 무효임을 전 세계에 알리려고도 했지.
그러자 일본은 고종을 자리에서 끌어내렸단다.
곧이어 대한 제국의 군대까지 해산시켰어.
우리 군인들은 거세게 반발하며 일본군과 맞서 싸웠어.
그때 일본군이 바로 내 문루에서 대포를 쏘아 댔단다.
몇 시간 만에 거리가 피바다로 변했어.
대한 제국의 군대는 그렇게 흩어졌고,
우리나라는 일본 군경*의 총칼 아래 놓이고 말았어.

**군경** 군대와 경찰.

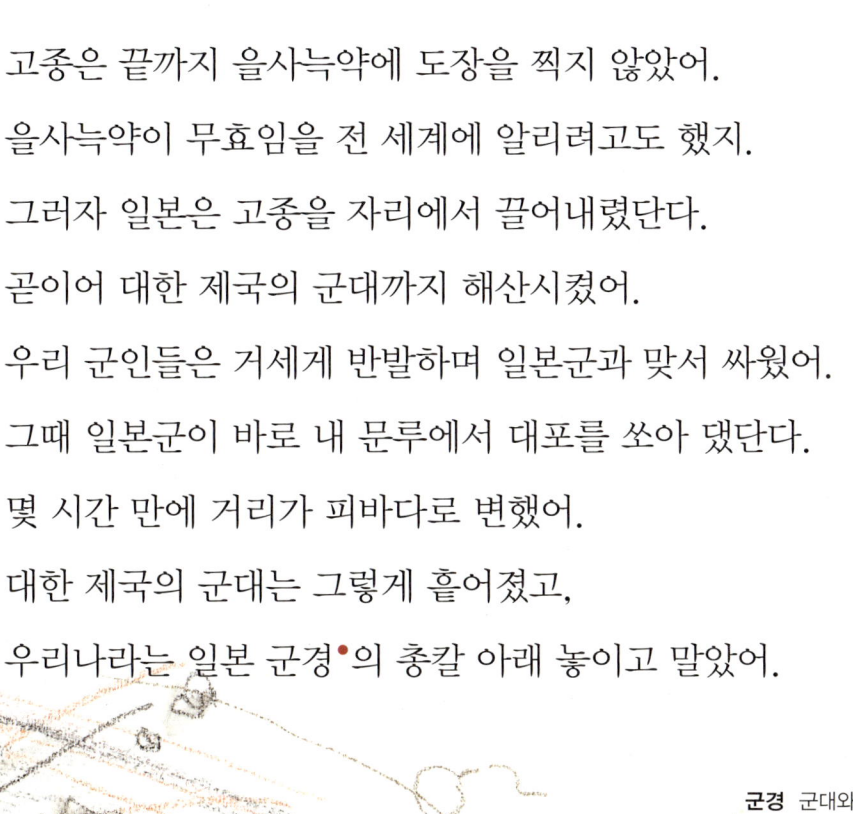

1907년 가을, 일본 왕세자가 우리나라를 방문했어.
일본인들은 왕세자를 내 밑으로 지나가게 할 수 없다면서
나의 서쪽 성곽을 헐고 길을 냈단다.
일본이 이렇게 제멋대로 굴 만큼 우리나라가 힘이 없었던 거야.
1910년에는 일본과 강제로 한일 병합 조약을 맺었어.
'대한 제국의 모든 통치권을 일본에 넘긴다'는 조약이었지.
그렇게 우리나라는 일본의 식민지가 되고 말았단다.

일본은 우리나라에서 쌀과 콩 등 많은 곡식들을 가져갔어.
나무와 철 같은 자원도 마구 쓸어 갔지.
심지어 우리나라 사람들까지 마구잡이로 끌고 갔단다.

끌려간 사람들은 탄광이나 군수 공장에서 노예처럼 부려지거나,
총알받이와 일본군 위안부로 전쟁터에 내몰렸어.
많은 사람들이 우리나라로 영영 돌아오지 못했단다.

**군수** 군대와 관련해 필요한 것.
**일본군 위안부** 강제로 끌려가 일본군의 성 노예가 된 여성들.

"대한 독립 만세! 만세!"
1945년 8월 15일, 드디어 우리나라가 광복을 맞았어.
하지만 기쁨도 잠시,
우리나라는 강대국들에 의해 남과 북으로 갈렸어.
1950년에는 북한군이 쳐들어와 한국 전쟁이 일어났지.

나를 사이에 두고 전투를 벌인 적도 있어.
내 벽에 난 구멍은 그때 총알을 맞아 생긴 거야.
이깟 구멍은 마음에 남은 상처에 비하면 아무것도 아니지.
같은 민족끼리 총부리를 겨눈 모습을 보고
내가 얼마나 슬펐는지 몰라.

여기 내 기둥에 난 자국을 좀 볼래?
2008년 화재 때 불에 탄 흔적이야.
문화재를 더욱 소중히 관리하자는 뜻으로
일부러 없애지 않았어.
벽의 총구멍도 전쟁이 남긴 상처를 보며
평화를 되새기자는 뜻에서 남겨 뒀지.
자랑스러운 역사를 기억하는 것도 중요하지만,
아픈 역사를 되짚어 보는 일도 필요해.
반성을 통해 더 훌륭한 역사를 쓸 수 있으니까.
이제 나도 용기를 내어 악몽을 이겨 낼게.
먼 훗날 후손들에게 자랑스러운 역사를
들려줄 수 있도록 말이야.

# 숭례문이 들려주는 조선 시대 이야기

숭례문은 조선 건국 무렵부터 조선 왕조 500년과 일제 강점기 그리고 오늘날에 이르기까지 우리나라 사람들과 오랜 시간을 함께했어요. 2008년 숭례문이 불탔을 때 온 국민이 큰 슬픔에 잠기기도 했지만, 이를 계기로 문화재 보존에 더욱 신경쓰게 되었지요. 우리나라의 자랑스러운 국보 제1호, 숭례문이 겪은 역사와 숭례문의 이모저모를 살펴봐요.

## 조선을 어떻게 세웠을까요?

조선은 이성계와 신진 사대부가 고려를 무너뜨리고 세운 나라예요. 이성계는 고려 말의 유명한 장군이고, 신진 사대부는 성리학*을 공부한 새로운 정치 세력이었어요. 신진 사대부는 고려의 지배층이었던 권문세족을 비판하며 고려를 개혁해야 한다고 주장했어요. 권문세족이 받드는 원나라를 배척하고 명나라와 손을 잡아야 한다고도 했지요.

명나라는 고려가 원나라와 친하게 지내는 것을 못마땅해했어요. 급기야 고려의 북쪽 영토를 빼앗으려 했지요. 그러자 고려의 왕인 우왕은 명나라와 전쟁을 벌이기로 마음먹었어요. 이성계에게 명나라 땅인 요동을 정벌하라고 명령했지요. 이성계는 네 가지 이유를 들어 명나라와 전쟁을 할 수 없다고 주장했지만 왕의 뜻을 돌릴 수 없었어요.

이성계는 어쩔 수 없이 군대를 이끌고 길을 나섰어요. 하지만 중간에 왕의 명령을 어기고 압록강의 위화도라는 섬에서 군대를 돌렸어요. 이성계는 그 길로 고려의 수도인 개경으로 돌아가 신진 사대부와 함께 우왕을 몰아내고, 권력을 차지했어요. 이 사건을 '위화도 회군'이라고 해요.

위화도 회군 4년 후인 1392년, 왕위에 오른 이성계는 나라 이름을 조선으로 정하고 도읍을 한양으로 옮겼

**성리학** 인간의 마음과 우주의 원리를 연구하는 유학의 한 갈래.

어요. 또 고려의 국교*였던 불교를 배척하고 성리학을 국가의 이념으로 삼았지요.

## 조선의 도읍, 한양은 어떤 모습이었을까요?

태조 이성계는 도읍을 한양으로 옮기고 나서 가장 먼저 경복궁을 지었어요. 경복궁을 에워싸는 궁성도 쌓았지요. 역대 임금과 왕비에게 제사를 지내는 종묘, 나랏일과 농사일이 잘되도록 제사를 드리는 사직단, 그리고 여러 나랏일을 맡아 하는 관청도 지었어요.

그다음 성곽을 쌓았어요. 조선 팔도에서 온 장정 12만 명이 한양을 감싸고 있는 백악산, 낙산, 남산, 인왕산을 성곽으로 연결했지요. 이렇게 성곽으로 둘러싸여 있어서 한양을 '도성', '한성'이라고도 불렀어요. 성곽 곳곳에는 사람들이 드나들

태조 이성계의 초상화 〈조선 태조 어진〉. 국보 제317호.

**국교** 국가에서 법으로 정하여 온 국민이 믿도록 하는 종교.

도록 네 개의 대문인 사대문과 네 개의 작은 문인 사소문을 만들었어요.

조선이 나라의 기본 정신으로 삼은 유교는 '인, 의, 예, 지, 신'이라는 다섯 가지 덕목을 가장 중요하게 여겼어요. 사람은 어질고, 의롭고, 예의 바르고, 지혜롭고, 믿음직해야 한다는 뜻이지요.

태조 임금은 동쪽, 서쪽, 남쪽 대문에 차례대로 '인', '의', '예' 자를 넣어 이름을 지었어요. 동쪽 대문은 '흥인지문', 서쪽 대문은 '돈의문', 남쪽 대문은 '숭례문'이지요. 나중에 이름이 '숙정문'으로 바뀐 북쪽 대문은 '숙청문'이라고 했어요. 이 문은 산속에 있어서 거의 이용하지 않았어요. 사소문의 이름은 동서남북 순서대로, '혜화문', '소의문', '광희문', '창의문'이에요.

조선 시대에 세운, 한양의 동쪽 대문인 흥인지문.

## 임진왜란은 어떤 전쟁인가요?

임진왜란은 조선이 세워진 지 200년 만에 처음 겪은 전쟁이에요. 일본을 통일한 도요토미 히데요시가 조선과 명나라를 정복할 야망을 품고 전쟁을 일으켰지요.

1592년 4월 13일, 일본군이 부산 앞바다로 쳐들어왔어요. 그 수가 20만에 달한 데다, 신식 무기인 조총을 들고 있어서 조선군은 꼼짝없이 당하고 말았어요. 일본군은 단숨에 한양까지 밀고 올라왔어요.

1592년 4월 13~14일 이틀 동안 부산에서 일본군과 벌인 전투를 그린 〈부산진 순절도〉.

한양이 함락되기 이틀 전, 선조 임금은 한양을 버리고 피란을 갔어요. 도성을 지켜야 할 군사들도, 백성을 살펴야 할 벼슬아치들도 모두 도망쳤어요. 그런 가운데, 바다에서는 이순신 장군이 이끄는 수군이, 육지에서는 백성들이 스스로 만든 군대인 의병이 크게 활약했어요. 양반, 농민, 노비, 승려 할 것 없이 의병이 되어 자기 마을을 지키는 데 목숨을 바쳤지요. 명나라까지 군대를 보내 조선을 돕자, 상황이 불리해진 일본은 명나라에 휴전을 논하는 회담을 제안했어요.

3년 넘게 회담을 했지만 일본은 원하는 결과를 얻지 못했어요. 그래서 1597년에 또다시 조선을 침략했지요. 이것을 '정유재란'이라고 불러요. 이때 이순신 장군이 명량 해전에서 12척의 배로 133척이나 되는 일본군의 배를 무찔렀어요. 도요토미 히데요시가 죽자, 상황이 더욱 불리해진 일본은 조선에서 물러났어요. 이로써 7년간의 끔찍했던 전쟁이 막을 내렸지요.

### 청나라는 왜 조선에 쳐들어왔나요?

청나라는 후금이라는 이름일 때 정묘호란을, 청나라로 이름을 바꾼 뒤 병자호란을 일으켜 조선에 쳐들어왔어요. 1627년에 후금은 조선이 자신들과 잘 지내려 했던 광해군을 임금 자리에서 쫓아냈다는 이유를 들어 정묘호란을 일으켰어요. 광해군의 원수를 갚겠다는 명분을 내세웠지만, 사실 조선이 명나라와 힘을 합쳐 후금을 공격할까 봐 미리 손을 썼던 거예요. 결국 조선은 후금에 항복하고 후금과 형제의 나라로 지내겠다고 약속했어요.

몇 년 후 청나라는 조선의 임금이 약속을 지키지 않는다며 다시 쳐들어왔어요. 병자호란이었지요. 전쟁이 일어나고 6일 만에 한양이 적군의 손에 넘어

병자호란 때 인조가 머무르며 청나라에 대항했던 남한산성.

갔어요. 강화도로 피란하던 인조 임금은 길이 막혀 남한산성에 머물렀는데, 그마저 청나라군에 포위되었어요. 남한산성에서 47일 동안 청나라에 대항했지만 조선은 결국 항복했어요. 인조 임금은 항복의 뜻으로 세자와 신하들이 지켜보는 가운데 청나라 황제에게 세 번 절하고 아홉 번 머리를 조아렸어요. 조선은 청나라의 신하 나라가 되고 말았지요.

## 조선은 전쟁을 극복하기 위해 어떤 노력을 했나요?

임진왜란과 병자호란으로 많은 백성들이 죽거나 다치고, 포로로 끌려 갔어요. 백성들은 농사를 짓지 못해 굶주리고, 나라의 살림살이도 어려워졌어요. 또한 귀중한 문화재들을 빼앗기고, 경복궁과 종묘 등 많은 건축물이 파괴되었지요.

조선은 전쟁을 극복하기 위해 힘을 모았어요. 백성들은 힘든 상황에서도 포기하지 않고 열심히 땅을 일궜고, 새로운 농사법과 재배 작물을 찾아냈어요. 광해군은 백성들의 어려움을 덜어 주기 위해 세금 제도를 개선하고, 선조 임금 때 만들기 시작한 《동의보감》을 완성해 보급했어요.

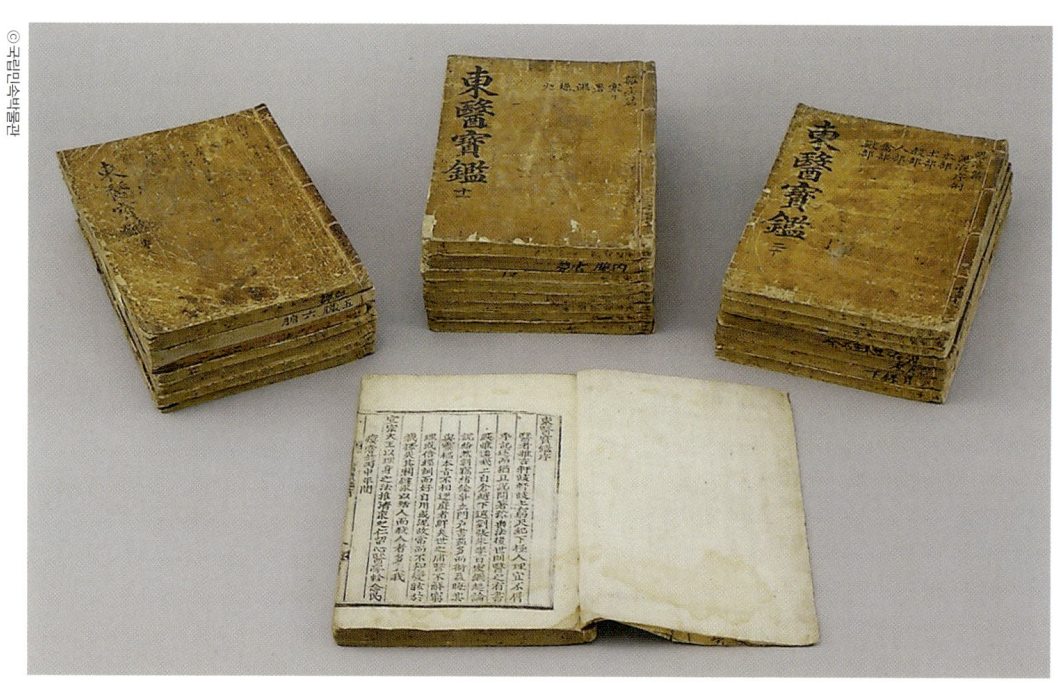

1596년에 허준이 우리나라와 중국의 의서를 모아 엮어 1610년에 완성한 《동의보감》.

무너진 궁궐과 성곽도 다시 지었어요.

　영조 임금은 탕평책을 펴서 벼슬아치들이 서로 다투는 것을 막고, 인재를 고르게 등용했어요. 또 균역법을 실시하여 백성들의 세금을 줄여 주었지요. 정조 임금 역시 영조 임금처럼 탕평책을 펴고, 백성들의 목소리를 귀담아들었어요. 또한 왕실 도서관인 규장각을 설치해 수많은 책을 만들고, 과학적인 방법으로 수원 화성을 건설했어요.

　실생활에 쓸모 있는 학문을 익혀 조선 사회를 변화시켜야 한다고 주장하는 실학자들도 나타났어요. 실학자들은 토지 제도를 바꾸고, 상업을 발전시켜 부강한 나라를 만들자고 주장했어요. 모두의 노력으로 조선의 경제와 문화는 점점 발전해 나갔답니다.

## 일제 강점기에 어떤 일이 있었나요?

19세기에 이르러 서양의 강대국들과 일본이 조선을 위협했어요. 우리나라는 외세에 맞서 싸우며 자주독립*을 지키기 위해 애썼지만 결국 일본의 집요한 침략을 막지 못했어요.

일본은 1905년 대한 제국과 을사늑약을 맺어 강제로 외교권을 빼앗고, 고종 황제를 끌어내리고 군대를 해산하는 등 나랏일에 간섭했어요. 그러자 임진왜란 때처럼 백성들이 의병을 일으켜 맞섰어요. 민족 지도자들은 나라의 힘을 기르기 위해 학교를 세워 교육에 힘썼지요. 이러한 노력에도

**자주독립** 나라가 다른 나라의 간섭을 받거나 의존하지 않고, 스스로 문제를 결정하고 처리할 권리를 행사하는 일.

일제 강점기에 일본으로 가져가기 위해 인천항 부두에 쌓아 놓은 쌀가마니.

1910년, 우리나라는 일본에게 주권을 빼앗겨 일본의 식민지가 되었어요.

일본은 우리나라의 곡식과 자원을 마구 수탈했어요. 우리나라 사람들을 포로로 끌고 가 힘든 일을 시키거나, 위안부와 군인으로 전쟁에 내보냈어요. 또한 우리 민족의 정신을 없애기 위해 역사를 왜곡하고 한글을 쓰지 못하도록 했지요.

도성의 성문과 성곽도 많은 시련을 겪었어요. 1907년에는 일본 왕세자가 숭례문 밑을 지날 수 없다며 숭례문을 부수려 했어요. 그러자 백성들이 몰려나와 숭례문을 지켰어요. 일본은 마지못해 숭례문 서쪽 성곽만 허물고 길을 냈어요. 2년 후에는 숭례문 동쪽 성곽까지 모두 헐었지요. 일본은 숭례문뿐만 아니라 다른 성문 주변의 성곽도 헐었어요. 게다가 숭례문과 흥인지문만 남기고 나머지 성문을 모두 없애 버렸답니다.

# 새롭게 복원한 숭례문의 이모저모

"숭례문 2층에서 연기가 나요!"

2008년 2월 10일 일요일 오후 8시 40분께 숭례문 주변 도로를 지나던 택시 기사가 소방서에 신고 전화를 걸었어요. 한 노인이 숭례문 문루에 침입해 불을 지른 거예요. 불은 5시간 만에 꺼졌어요.

소방관들이 급하게 달려와 진화 작업에 나섰지만 2층 문루는 거의 다 타 버리고 말았어요. 2층이 무너져 내려 1층 지붕도 상했지요. 국민들은 소중한 문화재를 제대로 지키지 못한 일을 반성하며 숭례문이 옛 모습을 되찾길 기원했어요.

정부는 숭례문 복구단을 꾸려 화재로 상한 부분을 복구하고, 일제 강점기에 달라진 부분을 복원했어요. '복구'는 '상하기 이전의 상태로 되돌리는 것'이고, '복원'은 '원래대로 회복하는 것'을 말해요.

숭례문은 여러 장인들의 손길을 거쳐 2013년 4월 29일에 완공되었고, 5월 4일에 우리 앞에 새로이 모습을 드러냈어요. 숭례문을 찬찬히 둘러보며 어떻게 바뀌었는지 살펴봐요.

## 육축과 문루

나무로 만들어진 윗부분을 문루, 돌담 모양의 아랫부분을 육축이라고 해요. 육축이 문루를 떠받치고 있지요.

| 이렇게 바뀌었어요 |

불타 버린 문루를 복구하는 데 소나무가 많이 필요했어요. 소나무는 단단한데다 벌레가 잘 꼬이지 않고, 습기에 강해 중요한 건물을 짓기에 알맞아요. 150명의 국민들이 소나무를 기증하겠다고 나섰어요. 그중 10곳에서 소나무를 기증받고, 전국에서 좋은 소나무들을 구했어요. 또한 불탄 자국이 남은 기존의 목재를 최대한 살려 사용했어요.

숭례문의 육축은 원래 성곽과 이어져 있었는데, 일제 강점기에 일본이 성곽을 부수고 길을 냈어요. 이 성곽의 일부도 복원했어요. 동쪽으로 53미터, 서쪽으로 16미터 정도의 성곽을 복원하여, 조선 시대 때의 모습을 조금이나마 되찾았어요.

숭례문의 복원된 성곽.

## 홍예와 철엽

홍예는 '무지개'라는 뜻이에요. 육축 가운데 뚫려 있는 출입구가 무지개처럼 둥근 모양이라서 이렇게 부르지요. 홍예에 달린 문에는 철판을 붙여 불화살을 막았어요. 이런 문을 철엽이라고 해요. 홍예 천장에는 임금을 상징하는 용 그림이 그려져 있어요. 홍예와 철엽은 숭례문뿐 아니라 대부분의 성문에서 볼 수 있어요.

| 이렇게 바뀌었어요 |

숭례문 홍예 천장에 있는 쌍룡도를 조선 초 숭례문이 세워질 무렵의 그림 양식에 따라 새로 그렸어요.

숭례문의 홍예와 철엽.

## 단청

단청은 중요한 건물의 벽이나 기둥, 천장에 알록달록하게 그린 그림 또는 무늬를 말해요. 단청이라는 이름은 붉을 '단(丹)', 푸를 '청(靑)'에서 따왔어요. 하지만 두 가지 색만 쓰는 건 아니에요. 빨강, 파랑, 노랑, 하양, 검정의 다섯 가지 색을 바탕으로 연꽃, 모란, 물결 등 다양한 문양을 그려 넣지요. 청룡, 백호, 현무, 주작 같은 상상의 동물을 그리기도 해요.

단청은 건물을 아름답게 꾸밀 뿐 아니라 건물을 보호하는 역할도 해요. 나무가 벌레 먹는 것을 막고, 눈과 비에 젖지 않게 하지요.

| 이렇게 바뀌었어요 |

조선 초 단청의 문양과 색감으로 복원하고자 했어요.

숭례문의 단청.

### 우진각 지붕

앞에서 보면 사다리꼴이고, 옆에서 보면 삼각형인 지붕을 우진각 지붕이라고 해요. 숭례문과 흥인지문처럼 큰 문의 지붕은 대부분 이렇게 지었어요.

| 이렇게 바뀌었어요 |
숭례문 지붕에 기계로 찍어 낸 기와 대신, 전통 방식으로 가마에 구워 만든 기와를 올렸어요.

숭례문의 1, 2층 지붕.

### 현판

숭례문 현판은 세종 대왕의 형인 양녕 대군이 쓴 것으로 알려져 있어요. 그런데 한국 전쟁 때 손상되어 수리하면서 글자 모양이 조금 달라졌어요.

| 이렇게 바뀌었어요 |
양녕 대군의 사당에 보관된 탁본과 비교하여 잘못된 부분을 바로잡았어요.

**탁본** 비석, 기와 등의 물건에 새겨진 글씨나 무늬를 그대로 떠낸 종이.

숭례문의 현판.

## 잡상

잡상은 잡귀와 재앙으로부터 건물을 지켜 달라는 의미로 추녀마루에 줄줄이 올린 장식 기와예요. '어처구니'라고도 해요.

| 이렇게 바뀌었어요 |

조선 시대 전통에 따르면 잡상이 홀수로 놓여야 하는데 어쩐 일인지 숭례문 1층의 잡상은 짝수로 놓여 있었어요. 이에 잡상의 수를 바로잡고, 종류를 늘렸어요. 지금은 추녀마루에 아홉 가지 잡상이 놓여 있어요. 삼장법사, 손오공, 저팔계, 사오정, 이귀박•, 이구룡•, 마화상•, 삼살보살•, 천산갑•이에요.

**이귀박** 뿔이 두 개 달린 괴물.　**이구룡** 입이 두 개 달린 용.　**마화상** 말 모양의 괴물.
**삼살보살** 재앙을 막아 주는 보살.　**천산갑** 뒤통수에 뿔이 난 괴물.

숭례문 추녀마루 위의 잡상.

복구 작업 중인 숭례문의 잡상.

| 작가의 말 |

# 역사를 품은 조선의 대문을 만나 보세요

2008년 2월 10일 일요일이었어요. 이날 저는 감기 몸살로 하루 종일 앓았어요. 밤늦게 텔레비전을 켜니, 화면에서 불기둥에 휩싸인 숭례문이 보였어요. 깜짝 놀라 벌떡 일어나 앉았어요. 채널을 이리저리 돌려 보니 방송사마다 숭례문 화재 소식을 긴급히 내보내고 있었어요. 자다가 화재 경보음을 들은 것처럼 심장이 요동쳤어요. 무서웠어요. 누구에게라도 전화를 걸고 싶었지만 꼼짝할 수 없었어요. 리모컨을 그러쥔 채 시뻘건 불꽃이 숭례문을 집어삼키는 광경을 멍하니 지켜보았어요.

매일 출근길에 숭례문 옆을 지났지만, 숭례문에 눈길을 준 적은 거의 없었어요. 숭례문이 늘 그 자리에 있다는 걸 너무 당연하게 여겼지요. 그런데 이제 그 모습을 보지 못한다는 생각에 기분이 이상했어요. 슬픔이 북받쳤어요. 소중한 무언가를 잃은 느낌이었지요. 숭례문에 대해 아는 것이라고는 국보 제1호라는 사실뿐이었는데 말이에요.

다음 날, 사람들이 화를 내는 걸 보고야 저도 화가 났어요. 불을 낸 사람에게 화가 났고, 문화재를

지켜야 할 책임을 다하지 못한 사람들에게 화가 났어요. 하지만 그게 끝이었어요. 숭례문이 복원되는 동안, 또다시 저는 천막으로 둘러싸인 숭례문 옆을 매일 무심히 지나쳤답니다.

그랬던 제가 숭례문에 대해 글을 쓰다니……. 그동안 미안했다는 인사라도 건네고 싶어 숭례문을 찾아가 오래 바라봤어요. 숭례문이 저에게 이렇게 말하는 것 같았지요.

"네가 보러 와 주길 기다렸단다. 이제라도 와 주어 고맙다."

그제야 저는 숭례문의 이야기에 귀 기울일 수 있었어요.

숭례문이 찬란했던 시절, 우리나라도 찬란했어요. 숭례문이 참담했던 시절, 우리나라도 참담했지요. 숭례문은 우리 곁에서 기나긴 역사를 지켜보았고, 우리 민족의 슬픔과 기쁨을 함께 겪었어요. 임진왜란과 병자호란에 고통받고, 일제 강점기에 크나큰 수모를 당하고, 한국 전쟁 때 깊은 상처를 입었어요.

숭례문은 앞으로도 지금 그 자리에서 우리와 함께할 거예요. 어린이 여러분이 숭례문 곳곳에 새겨진 총탄 자국과 불에 탄 상처를 되새기며 평화의 역사를 써 나가길 바라요.

숭례문 화재 10년이 흐른 어느 날,
신현경

"이제 나도 용기를 내어 악몽을 이겨 낼게.
먼 훗날 후손들에게 자랑스러운 역사를
들려줄 수 있도록 말이야."

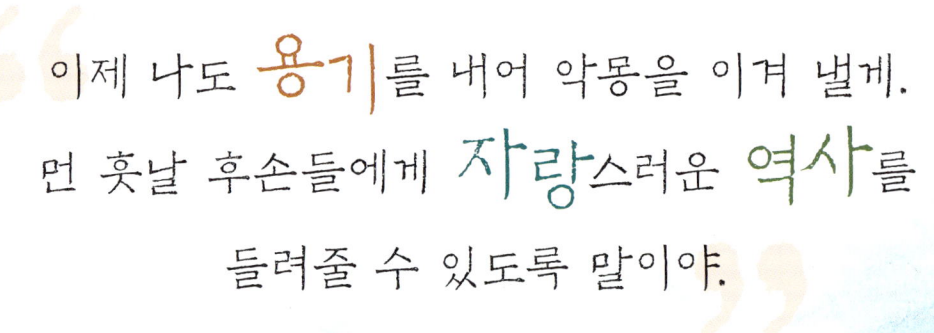